N° 62 Il paraît un volume par semaine. 15 CENT.

BIBLIOTHÈQUE ILLUSTRÉE

DES

Voyages autour du Monde

PAR TERRE ET PAR MER

DIRECTEUR : C. SIMOND

Éditeurs : E. PLON, NOURRIT et Cie, 10, rue Garancière, PARIS

IL PARAIT UN VOLUME PAR SEMAINE

Chaque volume contient 34 pages de texte, en caractères neufs, enrichies de 12 à 20 gravures d'après les photographies et dessins originaux fournis par les voyageurs eux-mêmes. Des cartes et plans permettent de suivre le récit. Un *Courrier de la semaine* tient au courant de tous les événements se rattachant à la géographie et donne ainsi à chaque fascicule la valeur de l'actualité.

PRIX DE CHAQUE VOLUME EN LIBRAIRIE : **15** CENT.
PAR LA POSTE : **20** CENT.

En vente chez tous les libraires et marchands de journaux, dans les gares et chez l'Éditeur.

ABONNEMENT

AUX 52 VOLUMES D'UNE ANNÉE

France. . . . . 9 francs
Union postale. . . . . 11 —

Les abonnements partent du 1er numéro de chaque mois.

Le service des abonnés est remis à la poste le jeudi de chaque semaine.

Pour s'abonner, envoyer à **MM. E. PLON, NOURRIT et Cie, Éditeurs, 8 et 10, rue Garancière, PARIS,** le montant de l'abonnement en mandat-poste, timbres-poste français ou valeur à vue sur Paris. On peut également s'abonner chez tous les libraires.

APIA. — HABITATIONS DES NATURELS.

LE PARTAGE DE L'OCÉANIE

I

Du cercle polaire arctique au cercle polaire antarctique s'étend le grand Océan dont les eaux déferlent sur les côtes de l'Australie, de l'Asie, des deux Amériques, baignant de nombreux atolls, des archipels madréporiques, des continents : Inde, Indo-Chine, Sibérie, États-Unis, Mexique, Pérou, Argentine. Dans le progrès incessant des civilisations, rivalisant d'essor commercial, ces terres et ces îles, les unes endentées, les autres enveloppées par les eaux de l'immense Pacifique, ont pris, pour la plupart, au cours de ces cent vingt dernières années d'évolution de l'humanité, sous le rapport économique, un développement prodigieux. L'Australie, qui n'était, lors du premier voyage de Cook, que l'habitat de sauvages misérables, est devenue aujourd'hui, à raison de l'importance considérable de son mouvement d'exportations et d'importations, non seulement la concurrente victorieuse de l'Angleterre, son ancienne métropole, sur les marchés de l'or et des laines, mais, aux yeux de beaucoup de géographes, une véritable partie du monde, non moins puissante et prospère que les autres. La Nouvelle-Zélande, dont la richesse augmente d'époque en époque, est déjà considérée comme une seconde Grande-Bretagne. La Nouvelle-Guinée prend le même élan ; toute la Malaisie : Bornéo, les Célèbes, les Moluques, s'est transformée en sources de productions de diverses natures ; la Mélanésie obéit également à cette impulsion ; et si la Micronésie, la Polynésie, sont moins favorisées, elles subissent néanmoins à des degrés différents l'action générale émanant des États de l'Europe dans leur expansion coloniale. Au XXe siècle, le partage, entre ces Etats, des groupes insulaires du Pacifique encore en déshérence sera définitivement réglé, et la condition sociale des populations indigènes océaniennes bénéficiera, dans des proportions faciles à prévoir, de ce remaniement politique de la carte sur ce point du globe (1).

Le vrai découvreur de cette mer fut Cook. Il cherchait, sur de fausse. données cosmographiques, une presqu'île australe qui n'existait point, et qu'il croyait correspondre sur la sphère terrestre à la péninsule de l'Afrique et à celle de l'Amérique méridionale, en formant un prolongement de l'Indo-Chine vers le pôle sud. Son audace lui tint lieu de guides Il aborda sur des rivages jusqu'alors inconnus auxquels il donna le nom de Nouvelle-Hollande, puis il rapporta de plusieurs îles du grand Océan des indications plus précises. Le tableau qu'en fournirent ses relations enthousiasma ses contemporains. On était, à ce moment, encore en pleine effervescence des impressions provoquées par la lecture des œuvres de Jean-Jacques, surtout par ses théories sur l'état de nature. Le problème, traité de chimérique par ses adversaires, manquait d'une solution basée sur des preuves. Cook la lui donna en faisant la description enchanteresse de ce Taïti paradisiaque, plus séduisant en sa réalité que le rêve charmeur de Rousseau. Et il y eut, pour les esprits attirés vers les horizons lointains d'outre-mer, une joie égale à celle que fit naître le grand Génois lorsque, cinglant vers Cipango dans sa croyance, il toucha terre à San Salvador.

Quand Hawskesworth rendit compte du voyage de Cook dans sa collection, qui faisait alors autorité, on ne savait de la mer du Sud que ce qu'en avaient laissé vaguement transpirer les Hollandais et les Espagnols, très jaloux de garder le secret de la colossale fortune trouvée par eux sur ces routes ignorées des autres navigateurs. Il y avait cependant plus de deux siècles que des regards d'Européens s'étaient fixés sur ces eaux du Pacifique. Le premier qui les vit, Vasco Nunez de Balboa, le 25 septembre 1513, un conquistador et non un marin, arrivé par hasard, au sortir des forêts vierges de Darien, devant cet Océan, s'y jeta, l'épée et le bouclier à la main, comme un guerrier se précipitant dans une place forte et prit possession des vagues au nom du roi de Castille et de Léon. Il restait à découvrir le chemin maritime pour arriver d'Europe jusqu'à elles. Ce fut l'œuvre de Magellan (Fernan Magelhaes), Portugais au service de l'Espagne. Le 27 novembre 1520, avec cinq caravelles équipées par le cardinal Ximénès, il atteignit la pointe sud de l'Amérique, franchit le détroit qui a conservé son nom et se trouva dans le Pacifique, dont les bornes, suivant son biographe, Herrera, se reculaient à mesure qu'il avançait. L'appellation de mer Tranquille (*mare Tranquillum*) que lui attribuèrent les savants ne convenait toutefois exactement qu'à la partie intertropicale, nommée plus tard mer des Dames par les Espagnols, parce qu'il suffisait, assuraient-ils, de la main légère d'une femme pour gouverner un navire sur ces flots doucement agités par des vents toujours égaux.

Magellan traversa le grand Océan et fit la découverte des Ladrones (Mariannes) et des Philippines, où il fut massacré. La route était tracée. D'autres s'y engagèrent successivement. Leurs noms sont nombreux et nous n'avons pas besoin de les rappeler ici. On sait quelle fut la part des diverses nations européennes dans ce mouvement ininterrompu des expé-

(1) Voir C. de Varigny, *Revue des Deux Mondes*, 1896.

ditions océaniennes depuis Magellan. Elles se poursuivirent avec tant d'ardeur qu'aujourd'hui aucun atoll, aucun îlot, si petit soit-il, n'est inconnu dans ces mers.

Cook fut, au dix-huitième siècle, le plus intrépide, le plus illustre de ces conquérants du Pacifique, et sa mémoire restera à jamais l'objet de l'admiration reconnaissante de la postérité. Fils d'un pauvre tâcheron du Yorkshire, il commença tout jeune son éducation maritime à bord d'une péniche transportant du charbon, puis il entra dans la marine royale, s'instruisant lui-même, lisant et étudiant Euclide, les géomètres et cosmographes, pendant les longues nuits d'hiver passées au large en vue de la côte nord américaine. A quarante ans, le 26 avril 1768, il entreprend son premier voyage, qui ne s'achève que le 11 juin 1771; il découvre le détroit entre les deux îles de la Nouvelle-Zélande et celui entre l'Australie et la Nouvelle-Guinée Une seconde entreprise, du 13 juillet 1772 au 30 juillet 1775, lui permet d'arriver, en bravant les plus grands périls, jusqu'au 71° de latitude sud. Dans un troisième voyage (12 juillet 1776), il ajoute à ses découvertes celles du détroit de Behring et des îles Sandwich (18 janvier 1778); il est massacré à Ohaïti (14 février 1779) dans un combat avec les sauvages et meurt victime de sa trop grande confiance en l'état de nature.

La Polynésie, qu'il parcourut à travers les récifs de corail dans un but scientifique, fut explorée après lui surtout par la France et par l'Angleterre. La première y acquit les îles de la Société et celles de Touamoutou, les Marquises; la seconde, la Nouvelle-Zélande, l'archipel Cook, les îles de l'Union. Toutes les deux convoitent aujourd'hui les îles Samoa et les îles Tonga.

II

Suivant Dumont-d'Urville, le groupe des Samoa est le même archipel que le Hollandais Roggeween découvrit en 1722 et nomma îles Baumann; mais le découvreur de droit, sinon de fait, de l'archipel samoan serait notre Bougainville, qui tomba sur ces îles en 1768, peu de jours après avoir quitté Taïti, et les appela *îles des Navigateurs*, nom qu'elles ont conservé longtemps sur les cartes, où elles sont remplacées maintenant par l'appellation indigène Hamoa ou Samoa. La Pérouse, dont le plan comprenait la reconnaissance de ce groupe, y aborda le 6 décembre 1787. Il y fit une relâche de dix jours et y perdit les meilleurs de ses compagnons : le capitaine Delangle, le naturaliste Lamanon, le capitaine d'armes Talin et plusieurs matelots, qui tous tombèrent sous les coups de massue des cannibales. Lui-même ne dut son salut qu'à son énergie.

L'Anglais Edwards visita à son tour la principale des îles Samoa, dont il changea le nom. Puis vint en 1824 le navigateur russe Kotzebue, qu donna des détails nouveaux sur l'archipel et en évalua la population à 50,000 habitants au moins.

La Pérouse s'était aussi montré vers la fin de 1787 dans les parages de Tonga-Tabou, la métropole de l'archipel Tonga, qui comprend plusieurs groupes. Quelques-unes de ces îles, entre autres Letonga, furent découvertes par Tasman en 1643, d'autres par Cook en 1774 et 1777, puis retrouvées par Maurelle en 1781, plus tard par La Pérouse, Bligh et Edwards.

Le 23 mars 1793, d'Entrecasteaux mouilla à Tonga-Tabou. Le capitaine Wilson, qui commandait le *Duff*, navire chargé de missionnaires, y parut en avril 1797, mais n'y fit qu'un très court séjour, laissant les missionnaires à la garde de Dieu et des naturels. Depuis cette époque, l'archipel ne reçut pendant un espace de trente années que de très rares visites d'Européens; ceux qui s'aventuraient sur la côte y étaient assommés à coups de casse-tête. Les guerres civiles, les tueries en masse s'y succédaient sans interruption : les rois étaient des tyrans cruels et les chefs qu'ils avaient sous leurs ordres répandaient le sang à l'envi. Ces cruautés exaspérèrent les indigènes. Un d'eux, chef tributaire d'une grande partie des îles, résolut de délivrer l'archipel du fou furieux Tougou-Aho, qui le gouvernait. Ce conspirateur, nommé Toubo-Niouha, s'associa son frère Finau; ils surprirent le roi et le tuèrent. Ce fut le signal d'un carnage : toute la famille de Tougou-Aho périt, à l'exception d'un enfant de trois ans, fils adoptif de Toubo-Niouha. Mais les naturels se soulevèrent contre les vainqueurs et des flots de sang coulèrent de nouveau. Cependant Finau resta vainqueur. Tougou-Aho n'ayant pas laissé d'héritier direct, ses collatéraux se disputèrent la puissance suprême. L'île fut divisée entre eux et eut vingt rois, c'est-à-dire vingt tyrans au lieu d'un. De là un retour à la guerre civile. Les missionnaires, ne sachant de quel côté se ranger, en furent les premières victimes. Finau essaya, à plusieurs reprises, de s'arroger le pouvoir par la force. Il n'y parvint qu'après plusieurs années par la ruse; mais alors il tomba dangereusement malade, et, quoique l'on eût sacrifié un de ses enfants pour conjurer les dieux, il expira. Son fils Finau II lui succéda et sut, guidé par les conseils de Finau-Fidgi, son oncle, homme intrépide et prudent, pacifier l'archipel en y favorisant l'agriculture. Les dissensions se réveillèrent pourtant. Elles durèrent jusqu'en 1810 et aboutirent à un partage entre deux chefs, qui restèrent indépendants.

Telle était la situation intérieure des îles Tonga, lorsque, en 1822, des missionnaires évangélistes anglais vinrent, au mépris de tous les dangers, s'y établir. Ils réussirent à y faire quelques conversions. Mais, loin de l'Europe, sans communication d'aucune sorte avec l'Angleterre, ils eussent probablement échoué dans leur œuvre généreuse, si une circonstance inespérée ne les avait secondés.

En 1827, l'*Astrolabe*, commandée par Dumont-d'Urville, parut à Tonga-Tabou; le capitaine ne voulait y faire qu'une simple relâche pour régler ses montres marines et se procurer quelques provisions. Il y fut assailli par une violente tempête; sa corvette échoua sur un récif; les travaux de radoub le retinrent contre son attente pendant plusieurs mois. Ce séjour forcé le mit en état d'explorer non seulement l'île même, mais aussi celles qui l'avoisinent. Les pages consacrées à l'archipel Tonga dans son grand ouvrage (*Voyage autour du monde*) y gagnèrent puissamment en intérêt, et c'est tout un roman vécu que cette narration où les péripéties abondent (1).

(1) Citons ce passage, pour donner une idée de l'attrait de l'ouvrage, qui, aujourd'hui même, n'a pas vieilli, quoique la mort de Dumont-d'Urville remonte à 1842 (on sait qu'il périt dans la catastrophe du chemin de fer de Versailles) :

« Nous allâmes rendre visite à la tahama. C'était une sœur du toui-tonga (chef) expulsé, et, malgré cet ostracisme, considérée encore comme une des

D'autres navigateurs visitèrent les îles Tonga après Dumont-d'Urville. En 1830, le capitaine anglais Waldegrave y mouilla avec le sloop de guerre le *Seringapatam* et n'eut que des relations pacifiques avec les naturels, qui avaient jusqu'alors presque toujours accueilli les Européens d'une manière hostile, menaçante, attaquant les canots, cherchant à entraîner les matelots et, dès que l'occasion s'en présentait, les assassinant.

III

L'archipel Tonga forme à l'occident la limite de la Polynésie. A quelque distance dans l'ouest se trouve le groupe Viti, première terre mélanésienne. Les îles Viti appartiennent aux Anglais. Par contre, l'île Wallis, où l'on fait relâche pour la traversée des îles Samoa aux îles Tonga, est aux Français. D'autre part, l'île des Pins, les îles Loyauté, à l'ouest des îles Tonga, et l'archipel Toubouai, à l'est, font partie de l'Océanie française, tandis qu'au sud les Anglais occupent l'île Kermadec et, position beaucoup plus considérable, Auckland, la Nouvelle-Zélande septentrionale.

Les deux rivales ont donc l'une et l'autre des points d'observations d'où elles peuvent surveiller la proie convoitée. Or, pendant qu'elles exerçaient attentivement cette surveillance, entre les deux vigies s'est glissée l'Allemagne, qui a conquis par sa suprématie commerciale ce que les armes, la diplomatie ou la politique ne lui permettaient point de s'annexer. Grâce à une tactique très habile, très persévérante, ce sont les Allemands qui ont pris réellement pied à Samoa. Leurs maisons de commerce y possèdent la partie la plus fertile du pays, représentant le dixième de l'étendue de l'archipel; ils y ont monopolisé le commerce des noix de coco, qui est

premières autorités de l'île. Elle habitait au bord de la mer, où elle nous reçut environnée de ses femmes et de ses parents. Avenante encore, avec un visage vraiment distingué, douce, bonne, communicative, la tahama comptait plus de soixante ans. Elle avait vu et connu les navigateurs qui avaient pratiqué ces parages, et se souvenait de Cook, de Wallis, de la Pérouse, de Bligh, de d'Entrecasteaux. Trois années auparavant, elle avait eu la visite du capitaine d'Urville, qui dut à ses révélations de savoir que la Pérouse, avant d'aller se perdre sur les récifs de Vanikoro, et quelques jours après son départ de Botany-Bay, avait jeté une ancre à Namouka. La douairière nous confirma cette particularité; elle y ajouta l'histoire de la lutte des Français contre les insulaires, disant, avec la version indigène, que le Français tué l'avait été pour avoir manqué de bonne foi dans un échange.

En sortant de la case de la tahama, et près de la fontaine du touï-tonga, nous aperçûmes un arbre monstrueux nommé dans le pays *mea*, et appartenant au genre ficus. Il s'élève au bord même de la mer, et projette une partie de ses branches de manière à étendre son ombrage jusqu'à une certaine distance de la grève. Ce gigantesque mea est presque une forêt; son tronc énorme n'a pas moins de 100 pieds de circonférence, d'après les mesures qu'en donne le capitaine d'Urville, et il peut avoir 120 pieds de hauteur. L'une des branches qui pendent sur la mer comporte 18 pieds de tour. C'était un arbre consacré spécialement au touï-tonga et gigantesque comme le pouvoir de ce chef religieux. Après son couronnement, ce dignitaire venait s'asseoir sous son ombre. Là, entouré de ses officiers, il accomplissait le cérémonial prescrit, pendant que la touï-tonga-papine, assistée de quelques-unes de ses femmes, se purifiait dans une fontaine voisine, où nul individu ne pouvait se baigner sous peine de mort. Aujourd'hui, la fontaine est souillée : la présence du touï-tonga ne la défend plus.

pour Samoa ce que le coton et le blé sont pour les Etats-Unis ; enfin leurs intérêts y dépassent de beaucoup ceux de toutes les autres nations. Aussi dès maintenant songent-ils à faire, avec les îles et les groupes encore indépendants, des traités, à passer des contrats qui leur assurent la tranquillité dans l'exécution de leurs projets commerciaux. Leur objectif est de devenir propriétaires inamovibles du sol entier. Et la conséquence ou le corollaire de ce droit de propriété acquis par achat ou convention s'indique tout naturellement. L'annexion ne sera, dans ces conditions, qu'une formalité à laquelle les autres puissances européennes ne pourront s'opposer, puisqu'elles n'auront pas à exciper d'avantages matériels à sauvegarder.

Il est à remarquer que ce qui donne à ces îles océaniennes une valeur au point de vue économique, c'est qu'elles fournissent beaucoup de coprah, le meilleur fret des navires fréquentant ces parages, et qu'en outre les plantations peuvent s'exploiter facilement puisque l'on a sous la main les travailleurs. Le commerce du coprah donne de gros bénéfices, mais peut être compromis si le monopole est atteint. Les Allemands le savent, ils n'ignorent pas que si une autre nation que la leur secondait l'établissement de quelqus-uns de ses nationaux aux îles Samoa par exemple, celles-ci n'offriraient plus à l'Allemagne commerciale ces abondantes sources de produits qu'elle y trouve maintenant, car la concurrence obligerait à baisser les prix de la marchandise. Il en résulterait des pertes qui ne pourraient se réparer que par de très longs efforts. Pour empêcher cette lutte, le seul moyen est d'accaparer le sol ; c'est à quoi l'on vise avec une activité de plus en plus tenace, et cette tenacité est encouragée par les rendements merveilleux des plantations (1). L'Allemagne se préoccupe de son expansion coloniale autant que la France, mais la réalise d'autre façon. Elle a besoin de colonies, la nécessité s'en impose chaque jour davantage, seulement elle vise d'abord celles où elle peut encore asseoir sa prépondérance. En dehors de l'Afrique, les seules qui offrent quelque possibilité d'emprise directe ou indirecte, sans conflit avec de premiers occupants, sont les archipels du Pacifique. Et elle y prend racine. Il est regrettable que la France se soit laissé devancer dans ce travail d'absorption. Peut-être serait-il encore temps d'y porter quelque remède. Mais qui le fera et quand le fera-t-on ?

Charles SIMOND.

(1) Voir à ce sujet le remarquable ouvrage de B. VON WERNER, *Ein. Deutsches Kriegschiff der Südsee* (Leipzig, Brockhaus) et, dans les rapports consulaires anglais, *Consular reports* 1895, le travail très étudié de J. H. MULLIGAN, *Samoa; government, products and people.*

APIA. — LA CÔTE.

L'OCÉANIE CENTRALE

SAMOA ET TONGA

I

Calofa! Calofa! Salut! Salut! L... et moi, nous nous penchons par-dessus la rampe qui court tout autour de la passerelle, et au-dessous de nous, contre les flancs du navire, nous voyons deux jeunes Samoanes debout dans une pirogue minuscule. *Calofa!* répètent-elles. Comme *arofa* est un vieux mot tahitien qui veut dire salut, qu'aux Marquises on dit *cahoa,* nous comprenons que *calofa* veut dire salut aux Samoa, et pour n'être pas en reste, nous leur disons aussi : *calofa!* tandis que, toutes rieuses, elles tendent gaiement les mains vers nous autant pour nous demander la permission de venir là-haut nous rejoindre que pour réclamer notre aide. Avec un peu de bonne volonté de part et d'autre, nos mains se joignent, et, agiles comme des gazelles, en deux bonds, nos petites sauvages sont à bord. De la passerelle où nous nous étions réfugiés, L... et moi, il est certain que le spectacle était curieux.

Il y avait à peine un quart d'heure que nous avions jeté l'ancre dans la jolie et profonde baie de Pango-Pango, dans l'île de Tutuila, une des Samoa. De hautes collines l'entourent, et, de leur sommet jusqu'au bord de la mer, aux eaux paisibles et limpides comme celles d'un beau lac, c'est un splendide fouillis de verdure. A droite et à gauche, quelques trouées dans la feuillée, et, dans une anse qui se creuse, quelques petits villages montrent leurs cases de bambous, tandis que, tout au fond, s'ouvre une large et belle vallée à l'entrée de laquelle est le grand village de Pango-Pango.

Notre arrivée a été la cause d'un remue-ménage général. Sur tous les points de la côte, nous voyons des gens courir, se grouper, causer avec animation; de tous côtés les pirogues sont mises à l'eau; on s'y entasse, hommes, femmes et enfants; et voilà qu'à grands coups de pagaies tout cela converge vers nous, que la clameur, d'abord lointaine et confuse, s'élève et grandit. Ce sont des cris, des exclamations joyeuses, des rires, des chants, des interpellations sur tous les tons et dans tous les timbres, depuis la voix aiguë et grêle des enfants jusqu'aux notes rauques et graves des hommes. Toute cette foule se rapproche, se croise, se heurte, les pagaies battent l'eau avec frénésie et la font rejaillir de toutes parts en pluie de perles étincelantes sous les rayons du soleil. Il y a de grandes pirogues où douze ou quinze hommes sont debout, à demi nus, pagayant en mesure et faisant sous l'effort voler l'embarcation comme un oiseau rasant la surface tranquille de la mer; il y en a de toutes petites, à moitié pourries, qui font eau de toutes parts, où s'agitent cinq ou six petits bonshommes couleur chocolat clair et nus comme des vers. Les uns s'efforcent de faire avancer en pagayant avec les mains, tandis que les autres, avec des écuelles de coco, tâchent de vider l'eau qui gagne. Un mouvement trop brusque, une autre pirogue qui les frôle, et voilà notre petit monde à l'eau: tout cela piaille, rie, s'injurie, mais ne se rebute pas; la pirogue est redressée, et en avant!

Il y a bien là une centaine d'embarcations; on a mobilisé le ban et l'arrière-ban; tout finit néanmoins par accoster; nous en sommes environnés; ce ne sont plus des cris, ce sont des hurlements; c'est à qui s'accrochera le premier à n'importe quoi; les mains saisissent ce qu'elles peuvent, les pieds se servent de la plus petite saillie, et, en un moment, le pont est couvert d'une foule grouillante, bruyante et bizarre.

Ce qui nous frappe d'abord, c'est l'étrangeté de ces têtes sauvages sous la variété de leurs coiffures. Il y a des chevelures de toutes les nuances, depuis le noir de jais jusqu'au roux le plus ardent, en passant par les toisons d'une blancheur de neige sous la calotte de chaux qui les recouvre et qui a précisément pour but de les faire passer du noir au roux, couleur évidemment à la mode. Chez celui-ci, les cheveux se hérissent en tête de loup; chez celui-là, seule une touffe rousse se dresse sur le sommet de la tête; tel autre s'est tressé un tas de petites queues retombant en tire-bouchon, qui sur le front, qui sur les tempes; d'autres encore ont une moitié de leur chevelure taillée court et l'autre longue. Chez les femmes, même variété dans la mode; la plupart cependant

NATURELS DE SAMOA.

portent la chevelure longue, avec, sur le front, un petit diadème de cheveux taillés court et rendus roux par la chaux.

Les costumes sont simples : une épaisse ceinture de longues herbes sèches ou un pagne noué autour des reins.

Quelques femmes portent en outre sur le torse un vêtement court, bigarré de couleurs claires, sans manches et ouvert sur les côtés. Enfin, quelques hommes aussi, probablement pour ne pas être entièrement nus, se drapent majestueusement dans des espèces de grands draps blancs. Le type n'est pas laid, surtout chez l'homme; peu ou pas de tatouage : encore ce genre d'ornement est-il limité aux jambes et aux cuisses, qui, couvertes d'un dessin serré et sombre, ont l'air d'être vêtues. La peau est cuivrée ou plutôt chocolat clair, et hommes et femmes ont, en somme, assez fière allure.

Du pont du navire, l'invasion gagne les profondeurs, et l'on voit dans tous les coins de grands diables à demi nus, traînant après eux les sagaies, les arcs, les flèches, les lances, les massues, les casse-tête les plus invraisemblables.

C'est de la contemplation de ce spectacle que nous avaient tirés les « Calofa ! » mêlés d'éclats de rire de nos deux Samoanes. Deux jeunes filles de seize à dix-sept ans, les deux sœurs, vraisemblablement. De taille moyenne et bien prise, avec un visage aux traits assez fins et réguliers, elles peuvent passer pour jolies : l'une avec de grands yeux éveillés et moqueurs, une bouche rieuse; l'autre avec des lèvres délicates et sérieuses et de beaux yeux noirs un peu mélancoliques dans un visage ovale un peu maigre. Elles se tiennent devant nous, un instant embarrassées, se donnant la main.

— Je me nomme Samou-Samou, dit la rieuse.

— Et moi, Faasisilla, dit l'autre.

— Voilà notre maison, ajouta l'une en montrant sur la colline une case isolée perdue dans la verdure.

— Et tout y est à vous quand vous y viendrez, conclut sa compagne.

Nous promîmes de profiter, à l'occasion, de l'hospitalité offerte, et nos deux jeunes filles, descendant les escaliers de la passerelle en courant, se mêlèrent à la foule des curieux qui continuaient à nous envahir.

D'après nos renseignements et les différents récits que nous possédions, à environ deux heures de marche de Pango-Pango, devait se trouver la vaste baie où, sans provocation aucune, un des compagnons de La Pérouse, le commandant de Langle, et une quinzaine de matelots furent massacrés par les indigènes. L..., B... et moi nous étions proposé d'aller visiter ce point. Dès huit heures du matin, nos petites Samoanes étaient naturellement arrivées à bord avec un chargement de fruits de toutes sortes à notre adresse. Nous les avions questionnées, nous avions cru voir qu'elles comprenaient de quoi il s'agissait, et nous eûmes l'idée de leur demander de nous servir de guides pour nous conduire à cette baie Fança, où nous supposions qu'avait eu lieu la scène d massacre. Inutile de dire que notre offre fut acceptée avec enthousiasme, et, tous les cinq nous étant entassés dans la pirogue, nous accostâmes sans chavirer, mais après des prodiges d'équilibre.

Nous pûmes bientôt nous convaincre que l'intérieur de l'île tenait les promesses que faisait le panorama que nous avions du mouillage. C'était une végétation touffue, puissante et de toute beauté. La chaleur était assez forte, mais c'est sous une voûte continue de verdure que nous arrivâmes au sommet de la crête qui sépare la baie de Pango-Pango de la baie Fança, et d'où nous dominions cette dernière dans tout son ensemble.

Nous avions, en passant, traversé le village de Pango-Pango; les cases y ont une disposition ingénieuse : les cloisons en sont faites d'épaises nattes de feuilles de cocotier tressées; s'imbriquant les unes sur les autres, elles se relèvent à volonté; de telle sorte que, le jour, les cases sont ouvertes sur un ou plusieurs pans du côté de l'ombre ou de la brise, tandis que, pendant la nuit, on laisse retomber toutes les cloisons, qui les ferment alors hermétiquement. Nous nous reposons un instant avant de descendre à Fança; nos Samoanes n'ont pas perdu de temps : sur le bord de ce chemin creux plein d'ombre, au-dessus duquel les arbres étendent leurs branches, elles nous ont fait une couche de gazon et de feuillage, et, armées chacune d'une feuille de bananier, elles nous éventent consciencieusement.

Il est midi quand nous arrivons au village. A cette heure ultra-chaude de la journée, tout y est silencieux et désert. Le soleil jette sur le sable de la plage une lumière éclatante et crue qui nous aveugle; le récif de corail s'étend au loin à découvert, et les silhouettes éloignées d'une quinzaine d'Indiens en train de pêcher se découpent sur l'horizon dans la transparence d'une buée légère qui monte tremblotante et chaude. Dans les cases, les stores de cocotier, tournés du côté de la mer, sont relevés; nous n'apercevons, en passant, que des corps étendus, des bras agitant des chasse-mouches ou des éventails de pandanus. Au dehors, seuls, des cochons de toutes tailles errent à travers le village endormi ou s'allongent béatement, le ventre en l'air, dans des trous qu'ils se sont creusés.

Nos guides nous conduisent chez le chef du village, dans une jolie case fort propre, à la voûte de laquelle est suspendue une grande pirogue. A demi étendu sur une natte, s'évente avec un chasse-mouches un vieillard à barbe rare et blanche, au visage empreint d'une grande douceur et d'une certaine dignité. Sa femme nous apporte aussitôt des cocos frais, des maiorés, des bananes confites et du poisson bouilli enveloppé dans des feuilles de bananier. Nous y touchâmes à peine et seulement pour faire honneur à nos hôtes, tandis que Faasisilla et Samou-Samou faisaient de larges brèches dans le déjeuner.

Quatre ou cinq femmes, une demi-douzaine d'enfants et quelques hommes s'étaient glissés discrètement à notre suite, et, tout en mangeant, nos guides ne tarissaient pas en explications qui faisaient de nous le but de tous les regards. Après un court repos, nous visitâmes certains points de la baie qui nous parurent répondre exactement à ceux décrits dans la relation de la scène du massacre de nos compatriotes, et, avant de partir, nous saluâmes ce coin de terre où des Français étaient tombés, victimes obscures du devoir.

Vers cinq heures du soir, tandis que notre baleinière accostait d'un côté, nous ramenant à bord, une grande pirogue à deux mâts avec une quinzaine de rameurs accostait de l'autre. Le chef d'un village de l'entrée de la baie venait nous inviter pour le soir même à une *siva*, ce qui voulait dire qu'on danserait et qu'on prendrait non le thé, mais l'inévitable *kawa*, fin obligée de toute réception qui se respecte. La même pirogue à deux mâts devait venir nous chercher.

SAMOAN.

A neuf heures, n'ayant encore rien vu, nous commencions à traiter assez irrévérencieusement notre Samoan, quand la grande pirogue apparut. Nous partîmes cinq; la lune se levait à peine, voilée par instants par de grands nuages noirs que poussait une forte brise.

Pour nager en mesure, nos Samoans entonnèrent une sorte de chant lugubre et nous dirigèrent vers un point de la côte où ne brillait aucune lumière et qui paraissait tout à fait désert. Après vingt minutes d'une navigation le long des récifs de coraux que les vagues en se brisant frangeaient d'une longue ligne blanche argentée, l'embarcation échoua sur le sable, à environ cent mètres du rivage.

Nous gagnons la plage sur le dos d'un sauvage, et, à la lumière blafarde et intermittente de la lune, qui contribue à donner au paysage une note encore plus macabre, nous apercevons, sous de grands cocotiers largement espacés qui, à la brise, entre-choquent leurs grandes antennes avec un bruit sec, quelques rares silhouettes de cases absolument noires.

Sur la grève, une vingtaine d'indigènes nous reçoivent silencieusement, quelques-uns drapés comme des fantômes dans de grands vêtements blancs : ni femmes ni enfants. Nous nous dirigeons vers les cases, qui restent toujours plongées dans la plus profonde obscurité et où l'on ne paraît guère se livrer aux préparatifs d'une fête de nuit, même sauvage. On nous soulève la

APIA. — HABITATIONS DES NATURELS EMPLOYÉS DANS LES PLANTATIONS.

porte de l'une d'elles, nous y entrons à tâtons dans le noir, et, en attendant la lumière et le reste, nous usons nos boîtes d'allumettes. Nous commençons décidément à nous ennuyer et à trouver que les préliminaires d'une fête samoane manquent d'entrain et de gaieté, au moins pour les invités.

Après quelques minutes d'attente, une vieille femme au chef branlant, à la bouche édentée, vraie tête de sorcière, alluma pourtant quelques faisceaux de feuilles sèches, les jeta dans un trou pratiqué *ad hoc* au milieu de la case et s'accroupit à côté. Tout en marmottant des mots inintelligibles et sans nous honorer d'un regard, elle se mit en devoir, vestale d'un nouveau genre, d'entretenir une flamme inégale dont la lueur changeante faisait derrière nous danser fantastiquement nos ombres. Un homme, pour complément d'éclairage, apporta une écuelle de coco, remplie d'huile, où baignait une mèche au bout de laquelle une mince lueur essayait de ne pas s'éteindre. De temps en temps un indigène se glissait silencieusement dans la case, s'asseyait de même; l'un d'eux était muni d'une sorte de tambour assez primitif sur lequel il se mit à tapoter en sourdine par manière de prélude; nous nous sentîmes un peu soulagés, ce tambour était rassurant.

Peu à peu, et toujours silencieusement, la case s'était remplie; on avait laissé un grand espace vide qu'occupait seule, pour le moment, la vieille au chef branlant. Le menton dans ses mains, elle fixait obstinément la flamme qui montait, et semblait s'hypnotiser dans cette contemplation. Tout à coup, sans crier gare, dix ou douze sauvages massés dans un coin ouvrirent démesurément la bouche et se mirent à hurler en chœur, tandis que l'homme au tambour, s'escrimant de ses poings sur la peau de son instrument, tâchait à lui seul de faire plus de bruit que les autres. Nous sursautâmes, effarés; la vieille n'avait pas bougé : c'était l'ouverture.

Six grands diables à demi nus, vêtus seulement de ceintures de feuillage, firent leur entrée en bondissant, précédés d'un bossu endiablé, vêtu de sa bosse ou à peu près. Armés de lances et de casse-tête, ils se livrèrent pendant dix minutes à une danse des ours de haut goût, hurlant et entre-choquant leur ferraille avec fracas.

Après eux, une dizaine de jeunes filles de quinze à dix-huit ans vinrent s'asseoir en ligne les unes à côté des autres. Couronnées de feuillage, avec des colliers de fleurs rouges et blanches tombant sur leurs poitrines nues, d'épaisses ceintures de feuilles autour des reins, les chevilles et les poignets chargés également de fleurs et de feuilles tressées, elles ruisselaient d'huile de coco parfumée. Leurs danses n'étaient qu'une suite de poses assez gracieuses, mais qui eurent le tort de durer un peu trop longtemps, et peu à peu nous nous laissions aller à une demi-somnolence, croyant voir dans notre rêverie une rangée d'idoles hindoues descendues de leurs niches.

Alors l'horrible vieille, qui pendant tout ce temps était restée immobile auprès du feu, ne faisant de mouvement que pour y jeter quelques branchages et éclairer vivement les danseuses, se leva à son tour, s'avança dans le cercle vide et se mit à faire, aux éclats de rire de toute la foule, une sorte de parodie macabre de la danse des jeunes filles, tandis qu'elle donnait à son visage parcheminé, de vieille momie, les expressions les plus grimaçantes et les plus hideuses. Écœurés, nous sortîmes respirer à l'aise au dehors.

La cérémonie du *kawa* termina la soirée. On apporta une grande écuelle de bois, et six des plus jolies et des plus jeunes danseuses s'assirent autour. Par une délicate attention de notre hôte, c'était à elles qu'était échu l'honneur de préparer le breuvage. Chacune prit un morceau de racine de *kawa* et se mit à le mâcher consciencieusement; quand il fut suffisamment mastiqué, elle délaya avec une gorgée d'eau et... cracha le tout dans le récipient. Nous eûmes un mouvement d'étonnement bien justifié; mais chacune d'elles ayant agi de même et l'opération continuant de la même façon, nous ne pûmes croire à une forte distraction de leur part et attendîmes la fin. Quand elles eurent ainsi suffisamment garni le récipient, on ajouta quelques litres d'eau, on agita et... on nous servit.

Alors le petit bossu, qui remplissait les fonctions de grand-maître des cérémonies, prit un air grave, et, plongeant une éponge en bourre de cocotier dans le vase, il en exprima le jus dans une demi-coque de coco en guise de tasse. Puis, respectueusement, arrondissant ses gestes, il en offrit à chacun de nous. Si sauvages que nous fussions devenus nous-mêmes par nos pérégrinations à travers l'Océanie, nous ne l'étions pas assez pour ne pas regimber un peu; nous reçûmes chacun l'écuelle de bois avec un sourire poli qui ressemblait beaucoup à une grimace, et nous nous contentâmes de regarder le liquide à odeur de poivre qui la remplissait. Dans les villages plus civilisés, on remplace les dents de ces demoiselles par une vulgaire râpe; c'est peut-être moins couleur locale, mais c'est plus appétissant, bien que j'aie entendu affirmer par certains amateurs de *kawa* que la salive développait en ce nectar un parfum et un arome qu'il n'a pas sans cela.

Le lendemain, dans la soirée, nous levions l'ancre. Nous étions allés le matin, L... et moi, faire notre provision de fruits frais chez Samou-Samou et Faasisilla. Nous avions été reçus par le père, qu'un énorme éléphantiasis des jambes clouait dans sa case. Élevé par des missionnaires anglais, il jouait dans le village le rôle de pasteur protestant, apprenant à lire et à écrire aux enfants de bonne volonté. Il nous déballa avec fierté la Bible, l'éternelle Bible des pays protestants, traduite en samoan, et un dictionnaire anglo-samoan, le tout édité à Londres.

Un grand nombre de pirogues assistaient à notre départ, L... était à son poste d'appareillage sur la passerelle; je le rejoignis, et du coin de l'œil je lui montrai nos deux petites Samoanes qui se hâtaient dans une pirogue et nous faisaient un brin de conduite

— Très drôles, n'est-ce pas, nos petites sauvages?

L'hélice bat la mer, en route pour autre chose.

— Un troisième pour le whist! cria L... en dégringolant les marches de la passerelle et en s'engouffrant dans l'escalier du carré.

*
* *

Devant Apia, dans l'île d'Upolu, sont à l'ancre une douzaine de goélettes ou de bricks, et de tous côtés nous voyons hisser le

APIA. — L'ÉGLISE CATHOLIQUE.

pavillon allemand. Du mouillage, assez mauvais, peu protégé de la houle du large, trop petit et encombré de récifs, il nous semble être devant une petite ville relativement importante où d'assez gracieuses constructions en bois se mêlent aux cases plus primitives des indigènes. Derrière la ville, le sol s'élève en pente douce jusqu'au massif central de l'île; le tout recouvert d'une couche uniforme de verdure sur laquelle tranchent en vert plus clair de grands espaces défrichés où l'on voit paître des troupeaux et où s'élèvent quelques maisons de colons européens ou américains.

Quand on descend à terre, on s'aperçoit vite qu'Apia est beaucoup moins considérable qu'on pouvait se l'imaginer d'après l'aspect qu'il offre de la rade; car ce que l'on voit de la mer est à peu près tout, tandis que l'on a une tendance naturelle à supposer derrière la ligne des quais une ou plusieurs rangées de maisons; or, il n'en est rien. On retrouve là ces « stores », ces magasins où l'épice côtoie la cotonnade et où le fromage de Hollande marie son parfum à celui de l'eau de Cologne; des tavernes s'y décorent du

APIA. — FEMMES ET JEUNES FILLES INDIGÈNES EN COSTUME DE FÊTE.

nom d'hôtel, tandis que, dans de jolis jardins, s'élèvent les cottages des principaux colons anglais, allemands ou américains. Partout à ces constructions s'entremêlent les cases indigènes, ce qui contribue à donner à la petite ville un aspect suffisamment pittoresque.

Dans le cercle étroit des courses que j'ai faites aux environs, j'ai pu voir d'assez belles routes où l'herbe pousse drue et qui ressemblent pas mal à des pelouses bordées de buissons d'orangers. Un de mes meilleurs souvenirs d'Upolu est un bain délicieux dans une large rivière où une eau limpide et fraîche coule sur un fond de roches et de gravier, entre deux rives verdoyantes et bordées de beaux arbres dont les branches viennent former une voûte élevée et légère au-dessus de l'eau. Quand on s'enfonce un peu dans l'île, on trouve d'immenses forêts coupées par de profondes vallées où tombent et ruissellent mille cascades qui vont se perdre en ruisseaux sous le feuillage. Les villages voisins d'Apia ne diffèrent pas de ceux de Pango-Pango.

Nous ne fîmes qu'un très court séjour à Apia, et nous partîmes sans regret, trouvant la ville un peu insipide. Cosmopolite et banale, nous allions retrouver ses pareilles dans toutes ces îles des Samoa, Tonga et Viti, où Anglais, Allemands et Américains ont, avec la Bible, apporté leurs constructions moroses, leurs magasins, leurs « stores » sans goût, ni cachet, ni propreté, et où s'entassent, dans un pêle-mêle qui ne flatte ni l'œil ni l'odorat, les marchandises les plus disparates. Les rues ensoleillées, poussiéreuses et chaudes y suintent l'ennui, et le soir, quand, par deux fois, nous descendîmes du bord, nous errâmes dans l'obscurité. O Papeete (1), où étais-tu, avec tes rues ombreuses et fraîches, tes parfums de gardénias et d'orangers, tes visages gais et tes éclats de rire?

II

La passe d'Ouvea, une des Wallis, est très étroite; un fort courant porte sur les coraux; on peut dire que tout navire qui s'y engage est pour quelques instants en danger, et, pour que nul n'en doute, on voit encore sur les coraux à fleur d'eau, à droite du chenal, la lamentable épave du *Lhermite*, un aviso de guerre qui vint se briser sur le récif, il y a environ quinze ans. L'archipel d'Ouvea ou des Wallis se compose de plusieurs petites îles assez basses, enveloppées dans une même ceinture de coraux, et dont les baies et mouillages sont aussi encombrés de récifs. La population y est assez dense : environ cinq mille habitants, tous catholiques et absolument soumis aux missionnaires français, qui y résident au nombre de cinq ou six, et qui sont les rois de l'île. Depuis mon passage, la vieille reine qui était la souveraine de ces îles est morte, et un résident français a été installé, notre occupa-

(1) Voir *Bibliothèque illustrée des Voyages*, n° 11. Paul Claverie : *Taïti*.

tion ayant été jusqu'à ce jour beaucoup plus nominale qu'effective.

L'intérieur de la grande île d'Ouvea est inhabité; toute la population se presse sur les bords de la mer, où sont de nombreux villages. Il y a dans l'intérieur trois ou quatre petits lacs aux abords marécageux, rendez-vous des canards, des pluviers et des poules d'eau. De belles routes en tous sens parcourent l'île comme de grandes allées dans un beau parc verdoyant. Malheureusement, l'eau douce manque ou est très rare, et il faut recuillir l'eau de pluie avec soin. Les cases des indigènes sont à peu près semblables à celles des Samoa, ne différant que par la disposition des faisceaux de joncs qui forment les cloisons et qui s'entre-croisent en formant des dessins géométriques.

Le type de la population est le même que celui des Samoa; le costume n'en diffère pas davantage, si ce n'est que les jeunes filles laissent généralement croître leurs cheveux et les ébouriffent de façon qu'elles semblent avoir une tête énorme; c'est tout simplement affreux. Quand elles se marient, elles coupent cette ignoble toison et portent alors les cheveux comme les hommes, relevés en brosse et courts, décolorés en tout ou en partie par la chaux. Si bien que parfois, grâce à une certaine analogie de costume, on ne sait trop de quel sexe est l'individu qu'on a devant soi.

La population n'a pas ces allures fières, cette attitude digne que nous avons rencontrées aux Samoa et surtout au Tonga; elle a l'air un tant soit peu abêtie, et cela tient peut-être, sans vouloir en médire, à la longue habitude de s'humilier devant la « race sacrée », comme se font appeler les missionnaires.

***

Il y a encore de beaux jours pour la musique à Ouvea, et il nous fut donné à plusieurs reprises de jouir de concerts en plein vent.

Un d'eux a plus particulièrement frappé mes oreilles. Un jour, P... et moi, après nous être baignés sur la plage, nous suivions la route du bord de la mer, sablée de fins débris de coraux et bordée d'habitations disséminées par groupes sous la verdure, quand notre attention fut attirée par un groupe d'une dizaine d'indigènes accroupis près d'une case, et portant presque tous des morceaux de bambous de diamètres différents et d'un mètre de hauteur environ.

Il ne tenait qu'à nous d'écouter les symphonies du Wagner de là-bas. Nous nous avançâmes, malgré les efforts d'une bande de chiens qui, nous jugeant sans doute profanes et incapables de comprendre les beautés du concert, cherchèrent sans succès à nous repousser. Un vieux à figure toute joyeuse et aux façons obligeantes sortit de la case, suivi de sa moitié, non moins joyeuse et non moins obligeante; on nous offrit d'entrer et de boire l'inévitable *kawa*, qui décidément tourne à l'état de scie nationale maorie. Nous les suppliâmes de n'en rien faire et leur donnâmes à comprendre que nous n'avions soif que d'harmonie; alors, se hâtant tous les deux, ils nous glissèrent une malle de camphrier au premier rang pour nous servir de siège, se replongèrent, toujours affairés, dans leur demeure et en sortirent bientôt, l'un avec des cigarettes canaques, l'autre avec un tison. Pendant ce temps nos chanteurs ont pris place, chacun tenant verticalement devant lui

APIA. — JEUNES FEMMES INDIGÈNES.

son gros morceau de bambou, tandis que devant l'artiste du milieu est posé à plat sur le sol un faisceau de bambous plus petits, plus courts et de différentes grosseurs enveloppés dans une même peau bien tendue. Armé de deux baguettes, l'indigène s'apprête à battre de ce tambour d'un modèle encore inédit. Le signal est donné, les bouches s'ouvrent pour laisser jaillir les sons les plus discordants, les bambous s'élèvent et retombent sur le sol avec un bruit sonore et voilé à la fois, tandis que les baguettes font leur office en perçant l'ensemble d'une pluie de petits sons grêles qui nous font passer de désagréables frissons le long du dos. Les bouches béent, les yeux fixes se noient dans l'inspiration et l'extase, les veines du cou se gonflent, les visages se congestionnent d'une façon inquiétante, et les gros bambous montent et descendent, et cela ronfle, éclate, grince, mugit, et notre tympan vibre à nous faire bondir.

Nous nous regardâmes avec angoisse, et à la première « embellie » nous lançâmes avec autorité et conviction quelques obli-

APOLINIA. — L'ILE DU CRATÈRE.

gés « marié, marié, iva » (bravo, bravo, bien), et nous nous enfuîmes, tandis que derrière nous cette atroce musique recommençait de plus belle. A côté de cela, les chants lugubres des

Marquises (1) sont enivrants, et vous, ô doux et harmonieux himenés de Taïti, où étiez-vous?

III

D'Ouvea, en route pour l'archipel de Tonga et en particulier pour l'île de Vavao. Malheureusement, le mauvais temps se met de la partie, et il nous faut sept jours pour faire cent quarante lieues. Le septième jour, nous nous engageons dans un dédale d'îles assez peu élevées, nous passons devant le port Refuge, petite anse qui semble médiocrement mériter son nom, car nous y apercevons, émergeant, les trois mâts d'un grand navire allemand qui s'y est perdu récemment. Nous défilons devant les établissements de colons anglais ou allemands qui, à notre vue, se hâtent de hisser leurs pavillons, devant quelques villages tongiens, et nous allons mouiller en face du grand village de Neifo, dans l'île de Vavao. Il faisait un temps gris, presque froid, à averses et assez triste; autour de la rade nous découvrions, disséminées çà et là, les demeures en bois des colons, la demeure du roi Georges, en bois également, et la foule des cases tongiennes.

Vavao est peu élevée; cependant le sol se relève en longues ondulations couvertes de verdure et de végétation. Pour le moment, arbres, maisons, cases et collines, tout avait pris une teinte grise uniforme derrière un épais rideau de pluie que tordaient par moments de violentes bourrasques. Un cyclone avait ravagé l'île quelques jours avant notre arrivée, abattu des arbres, ruiné des plantations entières et renversé des maisons.

Le village de Neifo, assez peuplé, s'étendait dans un grand espace de terrain déboisé en partie, mais où croissaient encore de nombreux cocotiers, maiores, bananiers et autres arbres, avec des buissons de ces gardénias dont les jolies fleurs blanches si parfumées ornent les cheveux des Taitiennes. De grandes et larges voies, envahies par l'herbe, traversent le village dans tous les sens, et celui-ci est entouré entièrement du côté de l'intérieur par une sorte de palissade. Le mot de village ou de ville appliqué à tous ces groupements, plus ou moins considérables, de cases indiennes est assez inexact, car il éveille l'idée d'habitations plus ou moins serrées les unes à côté des autres dans un alignement qui forme des rues ou des ruelles. Là, au contraire, chaque case est placée selon la fantaisie de son propriétaire, sans ordre aucun, de-ci et de-là.

J'ai déjà décrit, à propos des Samoa, le genre de cases de tous ces groupes d'îles; j'ajouterai à ce sujet que dans leur construction

(1) Voir *Bibliothèque illustrée des Voyages*, n° 26. *Des Iles Marquises*, par Albert Davin.

il n'entre pas le plus petit morceau de fer, même pour réunir les différentes parties de la charpente. Tout est ajusté et relié avec des cordes en fil de cocotier d'une solidité à toute épreuve et qui sont disposées de façon à former différents dessins. Toutes ces cases sont généralement très propres à l'extérieur comme à l'intérieur. L'ameublement ressemble beaucoup à ce que nous avons déjà vu : des nattes par terre; pour le *kawa* national, un grand plat de bois à trois pieds et au fond nacré par l'usage; des éventails en paille tressée, de la *tapa,* un coffre pour les vêtements, et le petit bambou gros comme le bras, monté sur deux pieds, sur lequel le Tongien appuie la nuque quand il s'étend pour dormir; de l'igname, des cocos dans un coin, des lanières d'aubier macérant dans l'eau et destinées à la fabrication de la *tapa,* une petite glace, quelques récipients pour l'eau potable, et au milieu de tout cela quelques marmots nus, la tête rasée, marchant à quatre pattes et se roulant sur les nattes.

De la rade, et à plus forte raison en descendant à terre, j'avais été fort étonné par un bruit persistant de marteaux frappant sans relâche et de tous côtés, sans que je visse un seul de ces ouvriers infatigables; et, étant donné le cyclone récent, je supposais qu'on travaillait avec ardeur à reconstruire les maisons abattues par la tempête. Or, de chaque case devant laquelle nous passions sortait le même bruit : on fabriquait de la *tapa;* nous touchions à la fin de la saison à laquelle on recueille l'aubier destiné à cette fabrication, et chacun se hâtait de faire ses provisions d'étoffe.

Le Tongien a une réputation méritée d'esprit batailleur et de fierté; c'est un peuple de conquérants qui a autrefois soumis le Viti et pour eux un Fidjien ou un nègre est un être de race inférieure. C'est aux Tonga que j'ai vu les plus beaux types masculins de la Polynésie; ils sont grands, vigoureusement bâtis, peu foncés de peau, le visage d'un ovale un peu allongé, le nez ferme, long et fin, le front haut, large, bien limité aux tempes, la bouche bien faite, la barbe généralement taillée en pointe, et de beaux yeux au regard assuré et intelligent. C'est là le type le plus fréquent, mais, comme chez nous, on trouve aux Tonga des types très variés; presque tous les visages ont un air remarquable d'intelligence, de dignité et de mâle beauté. Pendant les trois jours que nous restâmes à Vavao, la pluie fut la compagne habituelle et désagréable de nos promenades, qui s'en ressentirent et durent être très bornées.

Deux jours après, nous étions devant la grande île de Tonga, Tonga-Tabou, l'île sacrée, et devant sa capitale, Mafuga. Quatre ou cinq bricks ou trois-mâts étaient mouillés dans cette baie hérissée de récifs; nous avions devant nous une terre basse et plate, et en face nous apercevions l'église et les bâtiments de la mission, autour desquels s'était groupé le petit village catholique. Un peu sur la droite et s'étendant assez loin, la ville, avec ses maisons de bois démontables, apportées toutes faites de Nouvelle-Zélande ou d'Australie et toutes construites sur le même plan ; le palais (?) du roi, en bois également ; plus loin, sur une éminence, le temple protestant, et à ses pieds l'immense village tongien avec ses cases éparpillées de tous côtés, et coupé par de larges voies parallèles à la mer ou s'enfonçant dans l'intérieur de l'île.

Peu d'arbres et de verdure, si ce n'est au loin derrière le village, où on devine un fouillis inextricable de végétation. Là encore, le jour de notre arrivée, nous retrouvons la pluie, mais vers quatre heures elle cesse ; un peu de bleu se montre au ciel, et, en attendant la nuit, nous allons du côté de ce qui nous semble être une

APIA. — ÉTABLISSEMENTS DE LA SOCIÉTÉ ALLEMANDE DE COMMERCE ET DE PLANTATION.

petite ville. De loin, c'était quelque chose ; de près, ce ne fut presque rien ; nous trouvâmes une vingtaine de maisons en bois rangées sur le bord de la mer et une dizaine d'autres disséminées çà et là, à un ou deux étages, paraissant posées là avec un air bizarre de choses dépaysées et pas à leur place, constructions hâtives et comme passagères. En revanche, quand nous eûmes gravi la petite colline où s'élève le temple protestant, nous vîmes s'éparpiller de tous côtés les nombreuses cases tongiennes.

Nous avions croisé, dans le cours de notre promenade, quatre ou cinq dames anglaises ou allemandes, mises à la dernière mode de Sydney ou d'Auckland, et dont le costume détonnait singulièrement dans un tel milieu. Il y avait déjà longtemps que nous n'en avions vu de pareils, les rares Européennes ou Américaines de Tahiti ayant, en général, des vêtements simples en rapport avec le climat. Aussi nous arrêtâmes-nous pour regarder les larges chapeaux à longues plumes, les robes collant aux hanches et les gants à vingt-six boutons, avec la même curiosité que nous avions eue en arrivant en Océanie pour les costumes taïtiens.

Quand nous passons devant l'école, la classe vient de finir, et

APIA. — LA MAISON DU CONSUL ALLEMAND.

par la porte s'échappe bruyamment, comme une bande d'oiseaux à qui l'on vient de donner la clef des champs, une troupe joyeuse de jeunes filles tongiennes de dix à quatorze ou quinze ans. Tout ce monde-là s'égrène gaiement dans tous les sens, et à notre aspect les exclamations étonnées ou moqueuses se croisent; elles nous examinent avec un petit air effronté, dans des attitudes pleines de coquetterie mutine. Les unes, sur notre passage, s'écartent timidement; d'autres s'arrêtent en souriant, nous montrant deux belles rangées de dents blanches, et répondent franchement à notre salut; la glace est rompue, tout un joli groupe nous entoure et nous laisse, avec de petits rires, feuilleter les livres et interroger les ardoises et les cahiers.

Elles portent toutes le même costume, le costume tongien: un pagne serré à la ceinture, et sur les épaules un court vêtement fait simplement d'un rectangle d'étoffe troué au milieu d'une ouverture pour passer la tête et tombant à demi flottant en avant et en arrière; il laisse ainsi les bras nus et permet d'apercevoir les lignes d'un buste généralement irréprochable. Ces vêtements sont de toutes étoffes et de toutes couleurs: en mousseline, en cotonnade, en soie, voire même en velours, et blancs, rouges, bleus, bariolés, verts, etc.

Elles s'en allaient, les plus petites courant et jouant, les grandes par groupes de deux ou trois se tenant enlacées par la taille. D'autres, seules, marchaient gravement, crayonnant encore sur leur ardoise. Il y avait là de superbes filles de quinze ans et de gracieuses fillettes de huit ou neuf ans.

Tous ces visages étaient intelligents, vifs, ouverts, avec un petit air de fierté coquette qui leur seyait à ravir; et, avec leurs costumes clairs de toutes nuances, leurs épaules, leurs bras et leurs jambes nus aux tons chauds, leurs jolis minois et leurs grands yeux noirs si expressifs, elles formaient un tableau original et charmant. Elles se dispersèrent peu à peu de tous côtés avec cette démarche droite cadencée, ce balancement un peu nonchalant des hanches de toutes les femmes maories. Et nous rentrâmes à bord.

Nous tentâmes, le lendemain, d'aller faire une promenade vers l'intérieur de l'île, et nous suivîmes une grande et large voie qui paraissait s'enfoncer dans cette direction. Malheureusement, le sol était détrempé par les pluies précédentes, et, après avoir pataugé pendant environ une lieue, nous nous décidâmes à revenir sans avoir atteint aucun village. De chaque côté de la route une broussaille inextricable courait, par-dessus laquelle les liserons avaient jeté leurs longues tiges contournées qu'émaillaient leurs nombreuses corolles roses ou bleues. Des milliers de *cana* sortaient leurs tiges d'un vert tendre toutes couvertes de fleurs d'un rouge éclatant; des groupes de bananiers balançaient doucement à la brise leurs grandes feuilles délicates que le vent de la veille avait déchirées; tout en haut, les têtes des cocotiers entre-choquaient leurs pennes, et de grands arbres au feuillage sombre jetaient leur ombre sur l'épais fouillis d'où s'élançaient quelques lianes venues s'enrouler à leurs premières branches.

Sur notre route, nous croisâmes plus de deux cents Indiens qui revenaient par groupes vers le grand village avec leurs petits chevaux chargés d'ignames ou de feuilles tendres de bananiers enveloppées avec soin. Les chevaux sont très nombreux dans l'île et à bon marché. Presque tous ces hommes en menaient un ou plusieurs. Ils paraissaient venir de loin et étaient couverts de boue : comme ils nous dirent que le village le plus proche était encore assez éloigné et que la route devant nous s'étendait de plus en plus boueuse, nous fîmes volte-face et revînmes vers la capitale. Nous y rentrions quand l'inévitable pluie se mit de la partie; à l'abri de l'arbre sous lequel nous nous étions réfugiés, nous cherchions du regard une case à mine hospitalière, quand dans l'encadrement d'une porte se détacha le joli visage d'une jeune fille qui riait de notre embarras et qui de la main nous appela.

Un brave père de famille était assis sur une natte, occupé à fabriquer ces petites cordes en fil de cocotier dont ils se servent pour mille usages. Il avait une tête assez avenante de vieux patriarche, et nous offrit gracieusement une place sur la natte en attendant la fin du déluge. Dans la case étaient avec lui une femme d'une cinquantaine d'années, deux jeunes filles de seize ou dix-sept ans et une enfant de huit à dix ans. Les jeunes filles étaient toutes deux fort jolies, bien qu'il eût été difficile de trouver deux types plus différents. L'une, la fille de notre hôte, de taille moyenne, admirablement faite, bien qu'un peu forte, avait de longs cheveux noirs bouclés, des traits assez réguliers et accentués, de grands yeux noirs au regard à la fois moqueur et hautain, la lèvre sensuelle et dédaigneuse, la voix brève, les gestes un peu brusques et un air de fierté boudeuse d'enfant gâtée. L'autre, de même taille, était svelte, sans être maigre, avec des épaules et des bras d'un modelé gracieux. Les traits du visage, un peu allongé, étaient fins et purs, la bouche un peu grande avec de jolies lèvres au sourire intelligent et doucement sérieux : une tête remarquable par la finesse et la pureté des lignes.

Après quelques minutes de conversation assez difficile entre gens qui ne se comprennent même pas à demi, et pendant qu'au dehors la pluie continuait à crépiter sur les larges feuilles des bananiers, nous prîmes une ardoise et nous fîmes les maîtres d'école. Nous fûmes bien un peu étonnés. Ces petites sauvages rencontrées par hasard vous bâclaient une multiplication sans broncher; elles avaient une écriture ferme, courante, presque élégante, et, quand nous arrivâmes à la géographie, elles nous montrèrent une carte et une géographie de l'Europe, en tongien, éditées à Londres. Paris et Londres étaient pour elles les deux capitales du monde, et ces deux fillettes avaient des idées très exactes sur beaucoup de choses dont nous n'aurions jamais supposé qu'elles pussent même soupçonner l'existence. On nous offrit le *kawa*. La fille de notre hôte écrasa la divine racine, non avec ses dents, mais avec une pierre, et prépara le breuvage.

Au dehors, le déluge continuait; et le crépuscule venant,

nous nous retirâmes; la maison de notre hôte était tout au bout du village, sous les cocotiers, au milieu des maiores et des bananiers. De grandes flaques d'eau çà et là coupaient la route, dont le gazon s'enfonçait sous nos pas; les feuilles des bananiers trempées d'eau penchant vers le sol et sur nos têtes les longues feuilles barbelées des cocotiers, agitées par le vent, joignaient leur averse à l'ondée du ciel. Nos jolies et rieuses amies d'une heure nous accompagnèrent un instant, puis nous regagnâmes notre baleinière. Sous la pluie, la mer était d'un vert sale, et à un demi-mille, à moitié voilées par l'ondée ruisselante, se profilaient avec un air lamentable la silhouette et la masse sombre de notre croiseur. Dans ces pays du soleil, je ne sais rien de triste et de mélancolique comme la pluie.

*
* *

La veille de notre départ des Tonga, les missionnaires nous amenèrent à bord une cinquantaine de Tongiens qui nous exécutèrent quelques danses, avec accompagnement de casse-tête et de hurlements. Toutes ces danses de guerre, tant aux Tonga qu'ailleurs, nous ont généralement paru insignifiantes; elles ressemblent beaucoup à celles que les montreurs d'ours font exécuter à leurs élèves : des cris, des hurlements, des bonds, des gesticulations, des roulements d'yeux plus ou moins féroces, voilà tout; qui en a vu une les a vues toutes, et qui ne les a pas vues ne perd pas grand'chose et peut se les figurer aisément.

Vers dix heures du soir, tandis qu'à bord les sauts continuaient et finissaient par nous fatiguer plus que les danseurs, traînant notre ennui sur le pont, un de nous eut l'idée d'aller voir le village tongien « effet de lune ». Nous accrochâmes deux Indiens, sautâmes à cinq, y compris les susdits, dans une espèce de coquille de noix, et nous allâmes à terre après avoir failli chavirer vingt fois : un désert, ou plutôt une vaste nécropole, chaque maison prenant un air de sépulcre. A la lumière de la lune nous voyons les cases se découper en noir sombre sur le ciel étoilé; parfois passe à travers les murs de bambous un filet de lumière ou un bruit de voix, et nous errons au hasard, poursuivis par les aboiements des chiens qui se multiplient à mesure que nous allons, et bientôt c'est dans tout le village comme une traînée grandissante de hurlements qui font entre-bâiller les portes, où se devinent des figures effarées (1).

(1) Gou, le fils du roi, arriva dans une voiture à deux chevaux, la seule qu'il y eût dans l'île probablement. C'était un grand gaillard d'au moins six pieds, un peu gros, et d'une allure qui ne manquait pas d'une certaine dignité. Il était vêtu d'une simple tunique à raies blanches et bleues, serrée à la taille, lui tombant jusqu'aux genoux et laissant les jambes et les bras nus. Il se présenta sans embarras et nous offrit ses hommages dans un anglais très correct. La tête était singulièrement expressive et intelligente : le front haut, le nez aquilin, les lèvres fortes, la barbe et les cheveux noirs et abondants. Les jambes un peu grosses dénotaient un commencement d'éléphantiasis.

Nous regagnions tranquillement le bord, quand nous entendons des chants; nous allons de ce côté; ils partent d'une case dont la porte est entr'ouverte, et à l'intérieur nous apercevons, à la lumière douteuse d'une lampe posée à terre, une dizaine d'hommes accroupis sur des nattes, en train de se livrer à cet exercice. Les profils sé dessinent vaguement, et certaines têtes se perdent complètement dans l'ombre. Sans façon, nous passons le cou par la porte entre-bâillée; les voix se taisent et Gou nous fait signe

APIA. — TOMBEAU D'UN CHEF INDIGÈNE.

d'entrer. Nous nous étendons sur les nattes et prions de faire comme si nous n'étions pas là, de continuer les chants. L'un d'eux, à voix de baryton, conduisait le chœur, où résonnait une superbe voix de basse. C'était, comme tous les chants polynésiens, une mélopée lente et grave où certains mots revenaient régulièrement, quelque chose d'indéfinissable qui vous berçait doucement, vous emportant dans une vague et triste rêverie, à moins que cela ne vous endormît pour tout de bon.

Gou avait un peu voyagé, en Nouvelle-Zélande et aussi, je crois, en Australie; il nous parla de la France, de l'Angleterre, avec des remarques généralement fort justes; il avait vu jouer *Il Trovatore*, je ne sais plus où, à Melbourne ou à Auckland, et en avait conservé une impression profonde. On sentait qu'il joignait à une intelligence remarquable un grand désir de connaître et qu'il comprenait à peu près la civilisation européenne.

Bien que fils du roi, il n'était pas héritier du trône, celui-ci passant non du père au fils, mais au frère, à la ligne collatérale, pour revenir ensuite au fils ou à ses héritiers.

IV

Le 2 septembre, nous jetons l'ancre en rade de Levuka, dans l'île d'Obelau. Nous supposions que Levuka était la capitale des Viti; nous nous trompions; depuis quatre jours la susdite ville était décapitalisée. La chose n'avait entraîné ni émeute ni soulèvement populaire : de simples mais importants intérêts commerciaux en étaient la cause; le centre du commerce se déplaçait et le gouvernement suivait.

La rade de Levuka est bien protégée par une ceinture de récifs qui entourent l'île; deux passes assez étroites y donnent accès. Sur le quai, sur une longueur d'un kilomètre environ, sont rangés les maisons et magasins des colons. Presque aussitôt, derrière la ville, monte en pente raide une ligne de hautes collines, à mi-flanc desquelles s'étagent quelques habitations blanches tranchant vivement sur le vert sombre des bois. Dans une petite anse, sur la gauche, les bâtiments abandonnés du gouvernement, bâtiments en bois que l'on va démolir et transporter à Souva, la nouvelle capitale.

Vue de la rade, la petite ville offre un aspect assez agréable, encadrée par une ligne de montagnes aux sommets peu élevés, mais fort pittoresques, et qui, en descendant vers la mer, se creusent en de nombreuses et fraîches vallées. Le soir, avec ses « bars » et ses magasins éclairés, cette ville minuscule avait de petits airs coquets et sur les quais se rencontraient quelques promeneurs : dames anglaises, américaines ou allemandes, à moins qu'elles ne fussent australiennes, à la mise la plus correcte et la plus élégante, strictement gantées, bien serrées dans leur robe blanche ou noire. Quelques hommes allaient raides et le nez au vent, l'air affairé; des Fidjiens à demi nus erraient nonchalamment par les rues; des enfants aux cheveux blonds ou rouges passaient accompagnés de quelque servante indienne; on croisait des nègres des Nouvelles-Hébrides ou des Salomon, bien différents des Fidjiens par le ton de leur peau, leur plus petite taille et leurs membres grêles. Les magasins étaient ceux que l'on voit dans toutes ces villes : un entassement de toutes les choses les plus diverses, de même que dans les rues se rencontrent les types de toutes les parties du monde.

Devant un comptoir, une blonde et pâle Anglaise tâtait une robe, tandis qu'à côté d'elle de noires Fidjiennes, les épaules et les bras nus, dépliaient quelque mauvaise cotonnade aux tons criards. Dans un bar, deux ou trois gentlemen en manches de chemise buvaient debout, tandis que la « bar maid », une grande fille d'un blond roux, attendait d'un air distrait ou ennuyé, appuyée sur un coude, l'air las, regardant dehors avec des yeux vagues. La mer, qui venait directement de la passe, battait bruyamment les quais; dans la rade obscure on voyait une grosse houle courir et monter confusément, et par moments, pendant que nous suivions le bord du quai, une lame plus forte nous jetait ses embruns au visage; on entendait dans le lointain le grondement sourd et continu des brisants.

Le type fidjien est essentiellement différent du type polynésien; il n'appartient plus à la race maorie; la peau est noire et non cuivrée, le profil est celui du nègre, les cheveux sont crépus et courts ou ébouriffés en tête de loup, souvent rougis avec de la chaux. Les Fidjiens sont généralement bien bâtis. Leur costume ne diffère pas de celui des îles voisines, ils plantent quelquefois une plume noire dans leurs cheveux, et, apparemment, ne se trouvant pas eux-mêmes suffisamment noirs, ils se noircissent encore, avec je ne sais quoi, tout ou partie du visage. Presque tous portent à la ceinture ou à la main un énorme coutelas.

***

Souva, dans la grande île de Viti-Lebou, est une ville qui naît, qui se crée de toutes pièces et qui, à brève échéance, aura supplanté Levuka. Celle-ci, outre les inconvénients de sa rade, est trop resserrée par sa ceinture de montagnes; et enfin surtout les grands travaux de défrichement et l'extension de la culture de la canne à sucre dans l'île de Viti-Lebou demandaient un débouché particulier au commerce de cette île. Aussi, presque toutes les maisons de commerce s'y sont transportées, n'ayant plus à Levuka que des succursales; et le gouvernement anglais à suivi le mouvement.

La rade de Souva est vaste et d'un accès facile, mais la sortie en est difficile pour les bateaux à voiles, étant donnée la direction générale des vents régnants. De tous côtés on défriche, on a tracé des voies dans les hautes herbes et les bois. Dans la grande vallée de Reva, arrosée par un véritable fleuve et transformée en un immense champ de cannes à sucre, s'est montée depuis déjà plusieurs années une magnifique raffinerie. Le terrain où s'élève Souva a été donné par une compagnie de Melbourne à laquelle appartient la sucrerie de Reva. Il est probable que c'est une générosité qui rapportera de gros intérêts.

Quel est l'avenir de la colonie naissante? Elle est abandonnée à ses propres ressources; il est vrai que plusieurs compagnies sont fort riches; mais, il y a sept ou huit ans, de grandes faillites avaient porté un rude coup au commerce des Viti. Le gouvernement anglais donne la sécurité et la stabilité; d'autre part, le colon anglais est tenace; celui qui vient s'installer là ne vient pas pour faire rapidement fortune et repartir; il s'implante dans le pays, y apporte son « home » sans espoir de retour; on est fort dans de telles conditions : il faut réussir, et l'on réussit. Mais il me semble que dans ces pays-là l'air est plus lourd qu'ailleurs, les visages plus durs et plus inquiets; c'est l'âpre lutte pour la vie, sans trêve, sans merci. La gaieté y est plus grosse, elle sent le « porter » ou le wisky. Nous levons l'ancre demain; nous retournons à Taïti, et le navire a pris un air de fête, l'allégresse est générale, car là, au moins, les orangers embaument, les ruisseaux chantent, les femmes égrènent des rires clairs et légers, et chez tous, êtres et choses, se lit comme la joie de vivre et d'être.

Paul Claverie.

SAMOAN.

www.ingramcontent.com/pod-product-compliance
Ingram Content Group UK Ltd.
Pitfield, Milton Keynes, MK11 3LW, UK
UKHW020223200726
13856UKWH00004B/1587